Abdeltif Berrahou

La vie,ce long fleuve...

Abdeltif Berrahou

La vie,ce long fleuve...

recueil de poèmes

Éditions Muse

Cover image: www.ingimage.com

Publisher:
Éditions Muse
is a trademark of
Dodo Books Indian Ocean Ltd., member of the OmniScriptum S.R.L Publishing group
str. A.Russo 15, of. 61, Chisinau-2068, Republic of Moldova Europe
Printed at: see last page
ISBN: 978-620-2-29971-8

Recueil de poèmes

La vie ce long fleuve....

Par : ABDELTIF BERRAHOU

<u>Dédicace</u>

Je dédie cet humble recueil de poèmes à la mémoire de feu mon père, en signe de profonde reconnaissance aux inlassables sacrifices qu'il a consentis pour pouvoir m'offrir une vie digne et intègre.
Que ce recueil, soit le meilleur cadeau que je puisse lui offrir à titre posthume.

TOUT CHANGE AVEC LE TEMPS

Où sont passés les beaux jours,
Pleins de joie et d'amour,

Tout devient terne et insipide
Tout devient immonde et fétide,

La pureté de l'enfance innocente,
Est souillée par la main violente,

Du temps, dont la profonde morsure,
Cause de sérieuses blessures,

Où sont passés les sereins moments,
Ecoulés sous l'immense firmament,

A battre librement le pavé,
En mangeant pommes et navets,

Où sont passées les gaietés d'antan,
Tout va et s'efface avec le temps,

Les visages qui étaient ouverts et rieurs,
Sont devenus tristes et pleureurs,

Où sont passées les douces joies,
Eprouvées sans être bourgeois,

Les jours s'égrènent du temps,
L'hiver comme le printemps,

L'automne comme l'été,
Le temps ne semble pas s'arrêter,

Tant on avance dans l'âge,
Tant le temps nous ravage.

MÈRE NATURE

Mère nature, poumons de notre planète,
Maltraitée par tes propres enfants,
Tu deviens malade, d'une fatigue complète,
Tableau, combien horrifiant.

Te voila rejetée, telle une lépreuse,
Reniée par ta propre progéniture,
Qui, espère mener la vie heureuse,
En te privant de ta belle garniture.

Mère nature, te voila agonisante,
Torturée par une descendance sans cœur,
Qui, par la guerre se veut triomphante,
Sans pitié et avec tant de rancœur.

Mère nature, véritable source de jouvence,
Où tout le monde puise sa force,
Pour affronter la vie et sa violence,
Mère nature, méfie-toi de l'homme et ses amorces.

MIDELT L'ENCHANTERESSE

Malgré ton froid glacial et ton vent violent,
Je t'aime comme un bon air de violon,

Blottie sous l'immense montagne El Ayachi,
Tu es toujours énergique et point avachie.

Fière d'avoir ce mont géant pour garant,
Tu es en sureté grâce à cet ancien parent.

Depuis ma tendre enfance jusqu'à l'âge adulte,
Je t'ai toujours chérie, ma chère Midelt.

Malgré tes rues boueuses l'hiver
Et ton été à la poussière sévère,

Je te suis pour la vie attaché,
Et nul de ton sein ne peut m'arracher.

Ô Midelt, tes pommiers s'étalant à perte de vue,
Est une fierté dont le bon Dieu t'a pourvue,

Chaque année tes fellahs manifestent leur liesse
En organisant grandes fêtes et superbes kermesses

Oh! Quel merveilleux Moussem* plein de gaité,
Celui que tu offres en spectacle juste après l'été.

***Moussem** : désigne en Afrique du nord une fête annuelle, marquée par des activités festives et commerciales, et parfois, il peut associer une célébration à caractère religieux, ce qui n'est pas le cas pour le moussem de pommes de la ville Midelt, qui se limite aux seules activités festives et commerciales.

FACE À TON RIVAL

Mets le pied à l'étrier,
Et prépare bien ta mise en selle,
Et pars volontiers,
Narguer l'ennemi qui te harcelle,

Va à bride abattue,
Brandissant fièrement ton arme,
Par laquelle sera abattu,
Ton rival au faux charme.

Sois toujours sur le qui-vive,
Avec l'air toujours méfiant,
Ainsi ta prudence s'avive,
Et tu deviens plus terrifiant.

Sois prêt à dégainer,
Et surtout essaie de faire mouche
Ainsi tu vas gagner toutes les escarmouches.

TREVE DE GUERRES

Trêve de conflits et de guerres,
Beaucoup de sang a coulé à flot,
N'épargnant aucun coin sur cette terre,
Trêve d'hécatombes, c'est vraiment sot.
****

Les gens s'entre-tuent entre eux,
Seul le plus impitoyable triomphe,
Et non le faible malheureux,
Qui devient encore plus amorphe.
****

Trêve de génocides odieux,
Enfantant, invalides et orphelins,
Dont le sourire n'est plus radieux,
Assez, trêve de complots malins.

****

Dieu des cieux, faites taire,
Les canons macabres de la mort,
Et œuvrez à satisfaire,
La prière du déshérité au triste sort.

UN OISEAU LANCE SA PLAINTE

Je suis né dans la prairie,
Où le vent souffle librement,
Où rien ne peut briser la lumière du soleil.
Je suis né dans la prairie,
Où n'existe pas de clôture,
C'est ma terre où tout respire la liberté,
C'est pour moi que ces prairies sont vertes,
Ma terre sur laquelle passe le vent et tombe la neige.
Je suis né dans la prairie,
Où tout est égayé,
Où règnent la douceur et la miséricorde.
Laissez-moi contempler une dernière fois ce paysage,
Offrez-moi un tout petit cadeau :
Je veux mourir dans cet espace libre et non entre les murs et les barreaux.
Croyez-vous qu'en me capturant vous allez triompher?
Non, même en rendant l'âme derrière vos barreaux,
La vie continuera et les vents de la liberté,
Continuent à souffler encore plus fort.
Sachez bien que de mes cendres je vais renaitre,
Tel un phénix,
Voletant au dessus de vos têtes étourdies de ma résurrection.
Usurpateurs, déguerpissez,
Avant que cette terre, ne soit votre dernière tombe.

LES GENS MARCHENT À TÂTONS

Les gens marchent à tâtons,
Dans ce monde plein de béton,

Où règnent confusion et horreur,
Où l'homme est proie à la peur.

Seul, dans cette vallée de larmes,
Il a perdu tout son charme.

La chaleur humaine a cédé la place,
A la froideur et aux accueils de glace.

Cupidité et vorace rapacité,
Hypocrisie et vilaine duplicité,

Sont devenues monnaie courante,
De l'homme à l'envie dévorante,

Qui ne pense qu'à s'enrichir,
Aux dépens de sa fierté qui tend à fléchir.

Homme, ne sois pas un matérialiste brutale,
Sois honnête et un peu sentimental.

QUI SUIS-JE ?

Un grain de sable,
Dans un immense désert,
Un fétu de paille, à la merci du vent.

Qui suis-je ?

Un pauvre révolté,
Qui dit non à la pourriture,
Non à la soumission aveugle,
Non au triomphe de la bêtise.

Qui suis-je ?

Un pauvre hère,
N'ayant que se dignité pour richesse,
Et les principes pour capital.

Qui suis-je ?

Un rebelle,
Fier d'exprimer tout haut,
Ce que d'autres pensent tout bas.

SOUFFRANCES EN HOMMAGE

Aux puits de mes souffrances,
Je puise toutes mes forces,

Et j'emprunte le dur sentier de la vertu,
Auquel je m'accroche comme un têtu.

Souffrance, mon inspiration, ma muse,
Avec toi, je rigole et m'amuse.

Souffrance, véritable moule de mes rimes,
Me plongeant dans une extase sublime.

Souffrance, véritable école de patience,
Refuge de mon âme en errance.

Souffrance, à force de te côtoyer,
J'ai bien osé te tutoyer.

Souffrance prend ma main,
Je te suis comme un gamin,

Soumis devant ta grandeur
Sans éprouver de douleur.

JEUNESSE DÉSESPÉRÉE

Jeunes drogués,
Jeunes ivrognes,
Plongés dans le monde pourri de la débauche,
Où se mêlent alcool, cannabis et d'autres malheurs.

Minuit passée, ils entrent en transe,
Et dégainent leurs couteaux ou à défaut,
Brandissent des tessons de « Moghrabi »*.

Des hurlements assourdissants se dégagent de leurs entrailles en feu,
Faisant réveiller un mort de sa tombe.

Aucun coin de rue n'est épargné,
De ces grands nocturnes,
Excepté les quartiers chics des nantis chanceux.

Gros mots d'une obscénité sans pareille,
Fusent en chœur,
Nous font vivre l'enfer au quotidien.

Jeunes vermoulus.
Jeunes désespérés ;
Réveillez-vous de votre léthargie,
Ne noyez pas vos rêves,
Ne réduisez pas vos ambitions en fumée,

Tant de vautours se délectent à vous voir ainsi,
Et se moquent de votre santé tant mentale que physique.
Jeunes désespérés,
Votre délivrance
Dépend de votre réveil.

« Moghrabi » :sorte de vin rouge de la ville de Meknès.

SALUT PRINTEMPS

Après une longue hibernation engourdissante,
Le printemps, enfin penche sa tète hésitante,

Etourdie par un hiver draconien,
Qui nous rappelle le froid sibérien.

Enfin, le printemps est ressuscité,
En quittant son linceul de morosité,

Pour se couvrir de sa belle parure,
Pleine de vie et de verdure.

Faune et flore manifestent leur liesse,
Et fêtent ensemble ce moment d'allégresse,

Ô, printemps, belle saison d'excursions
Dont l'âme jubile de joie et de passion.

UN BONHEUR FUGITIF

Allongé sous l'amandier en fleurs,
Je contemple le vaste ciel bleu,
Oubliant la vie et ses malheurs,
Oh! Combien j'adore ce superbe lieu

La tête bercée par le mélodieux ramage,
Des oiseaux juchés sur les branches,
Je rêve de caresser leurs beaux plumages
Oh! Que la nature est fidele et franche.

Loin des gens et de leur hypocrisie,
Ainsi que de leur acerbe médisance,
Je savoure la nature qui m'a saisie,
Par son charme plein de jouissance.

Loin de toute forme de laideur,
Mon âme se remplit de joie,
En savourant la bonne odeur
Des fleurs, loin des rabat-joie.

PROMENADE PRINTANIÈRE

A la douceur d'un jour printanier,
Me promenant à travers prés et champs,
Libéré de mes actes routiniers,
J'admire les oiseaux et je savoure leur chant.

Oh! Que c'est merveilleux de voir
Une nature à nouveau ressuscitée,
Apres être longtemps privée de tout pouvoir,
La voila de vie toute agitée.

Fini les longues nuits d'hiver,
Qui sèment la mort et la tristesse,
Endeuillant les jolies primevères,
C'est le printemps saison de joie et de liesse.

La saison d'été

Oh! Voici arriver la saison d'été,
Qu'on a toujours aimé et convoité,

Par ces longues journées chaleureuses,
Et ses nuits tellement doucereuses,

Voici la saison des vacances
Où l'âme se livre à l'errance,

En contemplant mère nature,
Sous un ciel sans toiture.

O saison estivale, par ton charme splendide
On se libère de tout état morbide.

Estivants de toute contrée,
N'ayez pas la conduite outrée,

La nature n'est un dépotoir,
Mais un véritable exutoire.

Admirez la nature et préservez-la,
Et que vos efforts ne soient pas là.

L'AUTOMNE

L'automne, hélas, a fait sa terrible irruption,
En semant la mort sans la moindre distinction,

Entre arbres et fleurs de toutes les couleurs,
Tout se fane, et se couvre d'une triste pâleur,

Ô, que c'est triste de voir un arbre dévêtu,
De sa parure, par un vent violent et têtu,

Les feuilles, sèches, sans vie jonchent le sol triste,
Tels des cadavres sur un champ de bataille sinistre.

L'été a beau lutter, il a enfin cédé,
A l'automne qui avance à pas décidés,

Pour effacer toute trace de verdure,
Ô, automne, combien tu es dur !

Tout devient blême et monotone,
A cause de ce méchant automne

Les oiseaux lancent des plaintes moroses,
Pour maudire cette saison sans roses.

SOMBRE HORIZON

La malchance me guette et m'accompagne partout,
Là où je mets le pas,
Là où je mets le nez,
Là où je mets le cœur.

Il faut que je trime,
Que je peine,
Que je sue,
Pour atteindre le moindre but.

Il faut que je serve mille épines,
Pour avoir une rose épanouie,
Hélas, sans senteur.

Plongé dans une vie uniforme et monotone,
Sans la moindre étincelle d'espoir,
L'horizon de mes pensées s'obscurcit,
Augurant d'une imminente tempête,
Menaçant d'ébranler le socle de ma raison,
Unique ressource dont je me vante.

Tout me parait hostile ici –bas,
Tout est métamorphosé :
Bonté en cruauté,
Loyauté en hypocrisie,
Bref, l'homme est devenu lycanthrope.

Quelle nouvelle ère nous vivons !
Où n'existe plus ni foi ni loi,
Où l'habit fait le moine par excellence
Où la fausseté s'intronise et règne.

DÉSIGNÉ POUR SOUFFRIR

Rien que la maison communale et le désert,
C'est là dans ce milieu très sévère,

Où j'ai atterri, après avoir été catapulté
Par des vautours pleins de cruauté.

Parfois, il m'arrive de perdre la notion du temps,
Et même le goût de lire que j'aime tant.

Tout me parait hostile dans ce coin perdu :
La nature ; les gens, chose inattendue,

Ni électricité, ni eau potable,
C'est vraiment insupportable.

Pourquoi de telles affectations ?
Cet affront, cette humiliation ?

Pourquoi veut-on éteindre la seule lueur,
Que nous avons gagnée après tant de sueur ?

Ô, mon Dieu que ta volonté soit faite,
Car, seule la tienne est parfaite.

SONNONS LE GLAS DE L'INJUSTICE

Il est temps de sonner le glas de l'injustice,
En pensant tout de suite à l'armistice,

Et crier à haute voix à bas l'iniquité,
Et que s'établisse enfin la vérité,

Seule voix salutaire pour tant de victimes
Dépourvues de tout jusqu'au dernier centime.

Il est temps de sonner le glas de l'arbitraire,
Et lui réserver une belle couronne mortuaire,

Fabriquée par la main du déshérité,
Avec soin et dextérité.

Injustice, combien tu es morbide,
Par ton œuvre si sordide.

Injustice, par ta disparition,
Le monde entre en jubilation,

Et le sourire va enfin orner des lèvres,
Longtemps desséchées de chagrin et de fièvre.

MÉMOIRE INFIDÈLE

Vie indécente, honneur entaché,
Point de vertu, rien que l'abus et le vice,
Tel est le monde auquel est attaché,
Le dépravé, ne rendant aucun service.

Oh! Que c'est triste de voir,
Un monde plein de débauchés,
Qui ne pensent qu'à se pourvoir,
Aux dépens même des plus fauchés.

Abus de plaisirs et de pouvoir,
Chose, devenue très normale
Pour celui qui ne peut voir,
De ces inconduites, rien d'anormal.

Dépravé, assez d'indécence outrée,
Dont tu es enlisé et empêtré.

LE SOLITAIRE ET LES AUTRES

N'ayant que la solitude pour compagne,
J'avance tristement vers la montagne,
Au pied de laquelle murmure une rivière,
Si limpide, si douce qu'elle en est fière.

C'est là où je viens fréquemment noyer,
Ma tristesse, pour mieux m'étayer,
En admirant ce joli tableau naturel,
Façonné par la main de l'éternel.

Aucune présence humaine dans ce coin isolé,
Car les autres le prennent pour un endroit désolé,
Il n'ya que moi, qui juge le lieu édénique,
Est-ce par fascination ou par sorcellerie maléfique ?

C'est vraiment un dilemme des plus étranges,
Pour moi, c'est le prurit de la sérénité qui me démange,
Pour les autres, je ne suis qu'un pauvre possédé,
Attiré par un endroit ou le charme est décédé.

Ô, solitude, c'est toi seule que je préfère,
Car « les autres sont le vrai enfer ».

PLAINTE D'UN MALADIF

Le mal est logé dans mes entrailles,
Me pinçant telle une tenaille,

J'ai beau prier ma douleur de se calmer,
Elle s'accentue et pense encore m'alarmer,

Il y'a longtemps que le sourire a déserté mes lèvres,
Cédant la place aux délires de fièvre.

Ma douleur, soyez clémente et magnanime,
Et éteignez le feu qui me ronge et m'envenime,

Ô, ma douleur, j'ai assez souffert,
Otez ce sombre voile dont je suis couvert,

Pour que je puisse enfin vivre heureux,
Loin de mes maux douloureux.

Ma douleur, je vous prie de soulagez mon faix,
Et fumons ensemble le calumet de la paix.

CALVAIRE

Emu, au bord des larmes,
Epuisé et sans armes,

Seul, dans ce désert immense,
Sous un soleil sans clémence.

L'estomac vide, la gorge sèche,
Egaré sans ressources, c'est la dèche,

J'ai beau crier, seul l'écho me répond,
Dans ce désert, au silence profond,

Parfois, il m'arrive de sourire,
En me nourrissant de souvenirs,

Seul plaisir qui m'est accessible,
Dans ce vide où tout est impossible.

Même l'illusion du mirage m'est inconnue,
Hélas ! Tous mes espoirs se sont évanouis.

Tel est mon calvaire ici-bas,
Moi, le pauvre oublié en bas.

LA LUMIÈRE DU SAVOIR

Le savoir est une lumière étincelante,
Aux rayons pénétrant les esprits clairvoyants,
Défiant l'obscure ignorance nonchalante,
Aux effets, combien effrayants.

Ô savoir, trésor, à valeur inestimable,
Heureux, celui, qui fonce à ta conquête,
Pour changer sa vie misérable,
Et échapper de justesse à la tempête.

Savoir, intarissable source,
De vertus et de sagesse,
Seule véritable ressource,
Pour combattre la bassesse.

Eclairés de toute localité,
Aspergez de votre large savoir,
Les victimes de l'obscurité,
Pour qu'ils puissent mieux voir.

LE RWANDA AGONISE

Ce poème est inspiré du génocide inhumain des Tutsi au Rwanda, considéré comme étant l'une des pires guerres civiles rwandaises du 07 avril 1994 au 17 juillet 1994 (800.000 morts pour la plupart Tutsi, massacrés par les Hutus),une pareille hécatombe, a fait sortir ma plume de son mutisme et traça ce poème

Le Rwanda agonise,
Sous les yeux du monde entier,
Le Rwanda agonise,
Empoignée par une fatalité sans pitié.

Le Rwanda s'effrite chaque jour,
Perdant ainsi ses meilleurs fils,
Privés de vie pour toujours,
Par je ne sais quel maléfice.

Le Rwanda est plongé dans le noir,
Sans la moindre lueur d'espérance,
Il souffre d'une malédiction notoire,
Jetée sur lui avec tant de violence.

Génocide et destruction acharnés,
Auxquels s'ajoutent choléra et dysenterie,
Font du Rwanda un squelette décharné,
Moribond et à moitié pourri.

Peuples du monde entier,
Aider, ce pauvre pays à faire surface,
Peuples du monde entier,
Aidez, ce pauvre pays à sauver la face.

A TOI ORGUEILLEUX.

Tu as beau te tenir sur tes ergots,
Nul ne t'a prêté le moindre intérêt,
Ton orgueil ne t'a apporté que désintérêt,
Et te fait sombrer dans le dégout.

Tu sais bien au fond de toi que ton idée est fausse,
Alors, sois simple et couvre-toi de modestie,
Et ôte-toi l'idée outrée de vanité
Et ne crois pas que tes actions sont en hausse.

Orgueilleux, délivre-toi de cette honte,
Qui te honte sans cesse,
Et te tient en laisse,
Et libère- toi de cette illusion qui te hante.

Orgueilleux, sache que tu es l'ivraie,
Qu'i faut séparer du bon grain,
Pour que ta vie aille bon train,
Et vivre enfin dans le vrai.

A BAS LA LÂCHETÉ

Prends le courage à bras-le-corps,
Et fonce droit en avant,
Sans hésiter et dés le soleil levant,
Fonce, sans te soucier du sort.

Sois ferme devant la souffrance,
Sans paresse, ni lâcheté,
Et arme-toi de fermeté,
C'est là ou réside ta délivrance.

Prends ton courage à deux mains,
Et crie ; à bas la lâcheté,
Et vivent, audace et loyauté,
Authentiques qualités humaines.

Fais fi de toutes les adversités,
Et trace un bon chemin à ta vie,
Pour mieux assurer ta survie,
Et échapper belle à la fatalité.

DESTIN

Ayez pitié de nous ô destin,
Pourquoi t'acharnes-tu contre nous ?
Alors que nous sommes doux tels des agneaux,
Va t'en destin et cherches-toi un autre festin.

Destin, tu tournes le dos aux intrépides,
Et tu souris joyeusement aux lâches,
En leur facilitant toute sorte de taches,
Ironie du sort combien fétide.

Les miasmes de ton injustice sont partout,
Et les traces de tes œuvres machiavéliques,
Sont d'une conspiration diabolique,
Destin, saches que tu es odieux et sans atouts.

PALEFROI ET DESTRIER

A vous élite, les palefrois richement harnachés,
A la crinière soigneusement coiffée,
Aux œillères dorées, au montant de la bride attachées,
Elite, pourquoi au luxe êtes-vous toujours assoiffée ?

Palefroi, tu sais que ton cousin le destrier,
Galope toujours sur le sentier de la liberté,
Monté par un cavalier sans étrier,
Attisé par le seul désir de garder sa fierté.

Destrier, noble cheval de bataille,
Malgré ton pauvre harnachement,
Tes idées sont vraiment de taille,
Loin de te faire vivre lâchement.

Palefroi, cheval de parade et de cérémonie,
Tu as perdu, le vrai gout de l'aventure,
A force de vivre sous l'ignoble hégémonie,
D'une élite aveuglée de luxe et de parure.

VIVRE AU RYTHME DES SAISONS

Je veux vivre au rythme des saisons,
Et continuer ainsi jusqu'au trépas,
Parfois souriant, parfois pas
Telle est la vie qui rime avec la raison.

Sans se soucier des vicissitudes,
J'emboite prudemment le pas,
Aux jours, qui fuient à grands pas,
Sans désarroi ni lassitude.

Essayant de quitter tout air morose,
Malgré les maux qui me harcèlent
Et les entraves qui m'assaillent,
La vie me parait en rose.

UN DRÔLE DE RÊVE

Tu sais mon ami, hier, j'ai fait un drôle de rêve,
Qui m'a accompagné toute la nuit sans trêve,

Un rêve dans lequel, j'ai vu une paisible cité,
Où vivent des gens vertueux, avec simplicité,

Où les richesses sont équitablement partagées,
Sans distinction entre jeunes et âgés,

Tu sais, mon ami, quand je me suis réveillé,
J'ai éprouvé une désillusion qui m'a assaillie,

Avec une force tellement véhémente,
Au point de maudire cette vie inclémente,

Oh!que c'est décevant d'ouvrir les yeux,
Sur un monde où personne ne va mieux,

Où le tort triomphe sur la raison
Quels que soit le lieu et la saison.

LE VENIN DE L'HYPOCRITE

Hypocrite, cesse tes propos flatteurs,
Imprégnés de fausseté et de mensonge,
Dont le venin mortel te ronge,
Hypocrite, pourquoi tu es si adulateur ?

Hypocrite, tu sais bien que tôt ou tard,
Tu vas tomber dans l'abîme d'indignité,
En usant de ta perfide servilité,
Qui va t'empoisonner par son dard.

Hypocrite, ne sois pas amoureux de bassesse,
Qui te couvre de honte et d'humiliation,
Et prend le chemin de la glorification,
La tête haute sans la moindre paresse.

HARO SUR LE MÉDISANT

Médire, médire, c'est ce qu'il sait maintenir,
Des propos oiseux, rien que l'inutile,
Médire des gens, sans pouvoir s'en tenir,
Action vraiment des plus futiles.

Médisant, cesse ta médisance,
Pourquoi tant de haine envers tes semblables ?
Qui par leur indifférence,
Ton état empire et devient lamentable.

Médisant, tu crois jouir de tes méfaits ?
Non, jamais ton venin,
Ne triomphera de la vertu et de ses bienfaits,
Médisant soit doux et bénin.

Médisant, assez de futilités,
Libère-toi de cette manie éhontée,
Qui t'a longtemps tourmentée.

L'atmosphère est polluée par ta présence,
Qui sème la médisance avec tant de violence,
Médisant, soit sage et couvre toi de clémence.

UN CŒUR EN PLEURS

Mon pauvre cœur pleure sans cesse,
Sans qu'aucune main tendre ne le caresse.
Pauvre de moi, pris aux abois,
Tel un cerf acculé au fond du bois.
Aucune échappatoire possible,
Chose, vraiment terrible.
J'au beau lutter contre cette meute enragée,
J'ai succombé, sans pouvoir m'en dégager.
Oh, combien mon pauvre cœur a pleuré,
De sentir la mort l'effleurer.
Seul, devant ces bêtes féroces,
C'est affreux et même atroce.
Ainsi moribond, j'agonise lentement,
Sans sentir les crocs, qui profondément,
S'enfoncent dans ma chair ensanglantée,
Mettant ainsi fin à cette lutte mouvementée.

LUTTER POUR VIVRE

Pour vivre, il faut lutter,

Sans se lasser ni succomber,

Sous l'injustice et sa dureté,

Si non tu risques de tomber.

Pour vivre, il ne faut jamais s'incliner,

Devant les adversités de la vie,

Même, s'il faut trop peiner,

Sois brave et exprime haut ton avis,

Arme-toi de patience et de persévérance,

Pour atteindre aisément tes objectifs,

Et pouvoir, vivre enfin dans l'assurance,

Loin de tes soucis fictifs.

Pour vivre, ne crains jamais l'avenir,

Plutôt, il faut le défier,

Et penser aux jours qui vont venir

Dans l'espoir de tout modifier.

LA VIE N'OFFRE PAS DE CADEAUX

Retrousse tes manches et décide-toi à partir,
Loin pour changer d'horizon,
Et fixe-toi bien une bonne raison,
Sans laisser ton ardeur flétrir.

Tu sais que la vie n'offre pas de cadeaux,
Alors pars, et ne rebrousse pas chemin,
Pense à ce qui t'attend demain,
Et cherche à alléger tes fardeaux.

Tu sais que rien n'est gratuit ici-bas,
Alors pourquoi rester inactif?
Et demeurer inattentif?
Réveille-toi et fonce loin là-bas

Si la chance arrogante t'a abandonnée,
Ne t'agenouille pas à l'implorer,
Avec humilité et air éploré,
Passe ton chemin et continue ta randonnée.

LA VIE CE LONG FLEUVE……

J'avais toujours cru que la vie,

Ressemblait à un long fleuve calme,

Aux rives débordant de charme,

Dont la beauté me rendait ravi.

Mais au fil des jours, des vagues houleuses,

Envahissant le fleuve, naguère si doux,

Engloutissant voiliers et radeaux,

Telle une pieuvre dévoreuse.

Dés lors, le fleuve est devenu si agité,

Que personne n'ose s'y aventurer,

Car la pieuvre va surement l'entourer,

De ses tentacules, avec grande agilité..

Ô vie ce long fleuve impur,

Souillé par la pourriture humaine,

Qui avorte tout espoir en demain,

Ô vie, même l'océan n'est pas pur.

LES BIENFAITS DE LA LECTURE

La lecture d'un bon livre,
Est comme un parfum qui enivre,
En feuilletant ses riches pages,
Ecrites par des poètes et des sages,
Nos connaissances s'élargissent,
Et nos idées s'enrichissent.
La lecture d'un bon livre,
A laquelle on se livre,
Imprègne nos esprits de savoir,
Sans aucune trace de déboire.
Ô livre, source de savoir et de science,
Heureux, qui dés son enfance,
Découvre la vertu de tes lignes,
Et le respect dont tu es digne.
Ô livre, compagnon de toujours,
Grâce à toi, l'art a vu le jour,
Et le rideau de l'ignorance est baissé,
Effaçant le supplice du carcan passé.
Lisez, lisez et dégustez la joie de lire,
Et tirez-en profit avant de mourir.

INFORTUNE COMPAGNE DE MALHEUR

Depuis longtemps lancée à mes trousses,
Dans tout lieu, elle me côtoie de prés,
De jour comme de nuit, elle sème la frousse,
Suivant mes traces tel un condor aux aguets.

Aucune main secourable n'est tendue,
Aucune épave, ni récif, dans cet océan d'adversité,
Rien, que l'espoir d'une aide inattendue,
Longtemps souhaitée avec tant de fermeté.

La chance effrayée, rebrousse chemin en sanglots,
Comment se libérer de cet embarras ?
Comment sécher ces larmes qui coulent à flot ?
Comment soulever ces âmes oubliées en bas ?

Ô, destin ! Assez de cruauté,
Tu nous as dénués de tout, même de notre fierté,
Sur laquelle nous avons pensé compter.

Comment apaiser ces appels angoissés ?
Par le miracle chose insensée,
Par notre solidarité, c'est du sensé.

LE JOUR ET LA NUIT

La nuit déploie ses ailes noires,
Mettant ainsi fin à la lumière du jour,
Telle une proie, qui sous les serres d'un vautour,
Rend le dernier soupir sans espoir.

O nuit, ne soit pas si cruelle,
Envers le jour et sa blancheur innocente,
Signe de vertu et de vie décente
Et pense à une entente mutuelle.

Le jour ne t'a jamais cherché noise,
Ni causé de malheur,
Il ne te veut que bonheur,
Sans rancune, ni méchanceté sournoise.
La nuit a déclaré sans hésiter :
-« je suis l'ogresse à la face macabre,
Méchante et d'une dureté de marbre,
Devant laquelle nulle force ne peut résister ».
Le jour a répondu tout en s'éteignant :
-« je sais que je peux rien devant toi,
Tout cet univers est désormais à toi,
Loin de le mériter par tes actes répugnants,

Mais saches que tu seras toujours hantée,
Par le spectre de ta proie déchiquetée,
Qui a imploré avec tant de fermeté,
Et saches que ton crime est lâche et éhonté.

IRONIE DU SORT

Tous nos rêves s'évaporent et s'épuisent,

Et nos efforts sont réduits à néant,

On a beau nous débattre,

Telles des mouches au fond d'une toile d'araignée,

Aucune main salvatrice ne nous est tendue.

Pourquoi cette ironie du sort ?

Pourquoi cette marche à l'envers ?

L'habit fait désormais le moine,

Et celui qui sème le vent fait de bonnes récoltes.

La chaleur humaine s'est refroidie,

Laissant libre cours à l'hypocrisie,

Qui a élu domicile au sein des cœurs.

Quand est-ce que la vertu trouvera,

Son chemin vers nos cœurs ?

Et la clémence régnera, enfin en maitre ?

Hélas, le mal est bien ancré,

Et seule une force divine,

Peut en venir à bout.

PAUVRETÉ TU N'ES PAS VICE

Pauvreté, en luttant contre toi,
De grandes œuvres humaines se sont accomplies,
Pauvreté, grâce à toi le monde est rempli
De merveille de bon aloi.

Pauvreté, tu es vraiment monstrueuse,
Mais tu incites les gens à lutter,
Avec acharnement pour t'éviter,
Pauvreté, tu n'es pas vice, même étant affreuse

Pauvreté, véritable école de la vie,
Où on apprend les vraies leçons,
Dans les temps les plus menaçants,
Pauvreté, tu es dure, mais je t'envie.

Pauvreté, tu es un mal curable,
Dont le remède est entre nos mains,
Qui permet à la descendance de demain,
De mener une vie honorable.

PAUVRE HÈRE

Seul, sous une pluie diluvienne,
Je traine mes jambes en flanelle,
A travers la ville et ses ruelles,
Où de rares chiens vont et viennent.

Seul, sous une pluie diluvienne,
Je tressaute parfois,
Non du dur froid,
Mais de la maladie vénérienne,

Pauvre hère que je suis,
Vêtu, tel un ridicule épouvantail,
Je fonce droit vers mon bercail,
Pour semer le noir qui me suit.

Hélas, le noir est partout,
Guettant mes moindres gestes,
Avec des mouvements lestes,
Tel un manieur de couteaux.

Enfin, la pluie torrentielle a cessé,
Et de chaudes larmes s'échappent lentement,
De mes tristes yeux, fixant le firmament,
En maudissant le sort qui m'a délaissé.

Ecœuré par le massacre qui s'est déroulé à Bentalha, à environ 15 kilomètres au Sud d'Alger, en Algérie, dans la nuit du 22 au 23 septembre 1997. Perpétré durant la guerre civile algérienne par un groupe armé, et qui aurait fait près de 400 victimes sauvagement assassinées, je signe, à travers ce poème ma profonde indignation de ces actes d'une violence inouïe.

HARO SUR LES BARBARES !

Mains assoiffées de sang,

Crimes odieux et cruels,

Tuer pour le plaisir de tuer,

Tel est le scenario quotidien,

Faisant plonger nos frères algériens

Dans une spirale de violence sans précédent.

Jamais barbarie pareille n'avait d'égale,

Dans l'histoire de l'humanité,

Haros sur les égorgeurs de pauvres innocents !

Femmes enceintes éventrées,

vieillards, et enfants,

Et même nouveau-nés, n'en sont épargnés.

Quelle malédiction s'est emparée de l'Algérie ?

Faisant sombrer dans un deuil sans pareil,

Des milliers de civils sans défenses

Haros sur les barbares sanguinaires !

Excédant de leurs méfaits,

Les œuvres de Satan lui-même.

L'Algérie est devenue un théâtre,

Aux scènes rouges de sang,

Mon Dieu, que ces lugubres personnages disparaissent pour toujours,

Et que le rideau soit enfin baissé,

En sonnant le glas de ce cauchemar et la paix voit enfin le jour.

LE SENTIER DE LA GLOIRE

J'ai perdu la bataille, mais pas la guerre,

Et rien ne m'intimide, même le tonnerre.

Je trébuche et je me relève,

Et je reprends la relève,

Emboitant le pas à mes aïeux courageux,

Bravant les temps sombres et nuageux,

Sans jamais capituler en rase campagne,

Je fonce au sommet de la montagne,

Pour y planter mon étendard de gloire,

Mérité par tant d'effort du matin au soir.

Je continue mon petit bonhomme de chemin,

Sans craindre ce que m'attend demain,

Avec détermination et foi solide en Dieu,

Tout me parait beau et point odieux,

Ecartant les nuages obscurs de mes pensées,

Toutes mes volontés sont compensées.

Armé de ma lucidité et de ma raison,

Dans tout lieu et en toute saison,

Je franchis les forteresses les plus imprenables,

Et de mon glaive périssent les plus minables,

Modeste je suis, mais jamais lâche,

Je m'attelle toujours aux nobles tâches,

Un simple sourire me suffit comme cadeau,

Malgré la lourdeur de mon fardeau.

Par ma nature humaine penchée au bien,

Je ne peux jouir que de ce qui est mien,

Je me contente de peu et je m'en réjouis,

Car tout est éphémère et le tour est déjà joué.

HOMMAGE RENDU À LA BANDE DESSINÉE

Hommage à toi, bande dessinée,
Tu as vraiment marqué ma destinée,

A travers tes pages illustrées,
Mes idées deviennent plus lustrées,

Et la pure vérité m'est enfin dévoilée,
Me permettant de ne pas tout avaler.

Grâce à toi, j'ai appris les bonnes manières,
En délogeant l'arbitraire de sa tanière.

Bande dessinée, ma passion, mon amour,
Ma compagne de nuit et de jour,

Je me prosterne devant ta grandeur,
Attisant ma flamme avec ardeur.

Je ne peux me séparer de toi, ma dulcinée,
Par ton charme inouï tu m'as fascinée.

A travers tes belles pages
Mon âme rêve et voyage,

Via montagnes, forets et déserts,
En goutant à toutes les joies et misères.

Grâce à mes héros imaginaires,
Je découvre un monde extraordinaire.

Mes héros fictifs préférés
Sont de braves avérés,

Redressant des torts sur leur chemin
Défendant veuve et orphelin.

CORONAVIRUS CET INFÂME !

Un coronavirus tellement microscopique

Aux performances plus qu'olympiques,

Semant désarroi, peur et panique,

Dépassant les pires desseins sataniques,

Ne se souciant ni des prières ni des reliques,

Ne distinguant ni croyant ni hérétique.

Tout lui est égal, rassasié et famélique.

Tout le monde craint cette chose abominable,

Telle une fatalité inexorable.

On assiste impuissants à son avancée dévastatrice,

Dans l'attente d'une découverte salvatrice,

Venue d'ici, d'ailleurs ou de nulle part,

L'essentiel c'est qu'elle fasse le départ.

Un coronavirus tellement microscopique.

Aux leçons fortes bénéfiques.

Jamais virus n'a eu une telle emprise,

Sur l'homme qui a failli lâcher prise.

Se pavanant en maitre absolu,

Défiant l'homme qui implore le salut,

Faisant fi de toute sorte d'armement,

Réduisant tout le monde au confinement.

La faucheuse macabre

Tout le monde va tirer sa révérence

Et goûter aux affres du trépas,

En quittant ce monde plein d'appâts,

Où l'âme en a assez de son errance

****

Ni les majestueuses demeures ni les trésors,

Ne peuvent rien devant cet ultime sort,

Terre nous sommes, et terre nous serons réduits

Et de notre chair les vers seront séduits.

Rien ne peut faire face à cette faucheuse macabre,

Même le vaillant samouraï armé de son sabre,

Rendra l'âme sans la moindre résistance

Et oui c'est la divine providence.

Devant la mort, Nous sommes tous égaux,

Nantis comme marginaux

Nul n'est eternel dans ce bas monde,

Hormis le bon dieu qui commande.

Confidences

Moi, le pauvre poète venu de nulle part,

Mes vers sont mon unique rempart,

Contre l'ennui et la dépression

Contre la vilenie et la soumission.

Je ne fais que rimer les vers

Dans ce monde pervers,

Ou' l âme en a assez d'être déçue,

A force des coups du sort qu'elle a reçus.

Cordialement attaché à mon art lyrique,

Je plonge dans un monde féerique,

Et je fonce tête baissée vers l'inconnu

Crachant la vérité toute nue,

En recourant parfois à mère nature

Tellement sage et mature,

Lui confiant tous mes secrets

Sans le moindre regret.

Table

Printed by Books on Demand GmbH, Norderstedt / Germany